TRENES
MÁQUINAS DE VIAJE

Jason Cooper

Versión en español de Argentina Palacios

Rourke Enterprises, Inc.
Vero Beach, Florida 32964

LIBRARY OF CONGRESS
Library of Congress Cataloging-in-Publication Data
Cooper, Jason, 1942-
  [Trenes. Español]
  Trenes / por Jason Cooper.
  p. cm. — (Máquinas de viaje)
  Traducción de: Trenes.
  Incluye índice.
  Resumen: Examina la historia, variedades y usos de los
trenes.
  ISBN 0-86592-515-1
  1. Ferrocarriles—Literatura juvenil.
  [1. Ferrocarriles. 2. Materiales en español.]
I. Título. II. Serie: Cooper, Jason, 1942-   Máquinas de viaje.
TF 148.C5918   1991
6225.1—dc20   91-2978
                  CIP
                  AC

ÍNDICE

TRENES

Un tren viaja por rieles de acero. Lo arrastra o empuja una **locomotora.** Puede llevar pasajeros o **carga.**

Las locomotoras y los vagones tienen ruedas con bordes especiales. Esto es lo que mantiene al tren sobre los rieles. Los rieles a veces se colocan en túneles y puentes.

Tren suburbano en horas de la mañana
en Old Saybrook, Connecticut

FERROCARRILES

Los dos rieles de tren, siempre a la misma distancia el uno del otro, forman la **vía**. A la vía férrea muchas veces se le llama ferrocarril.

También se llama ferrocarril a cualquier compañía que opera los trenes. En los Estados Unidos hay cerca de 500 compañías y 170,000 millas de vía férrea.

El ferrocarril más largo de los Estados Unidos es el Burlington Northern.

Un tren de carga del Burlington Northern *pasa por un cobertizo de nieve en las Montañas Rocosas*

PRIMEROS TRENES Y FERROCARRILES

En 1930 se vieron los primeros trenes con locomotora en Estados Unidos. Los arrastraban locomotoras de vapor.

A una locomotora llamada *Tom Thumb* ("Pulgarcito" en español) la venció un caballo de carrera. Pero las locomotoras mejoraron. Hacia el año 1869, los pasajeros podían viajar 3,000 millas desde la costa del este hasta la costa del oeste.

Viejas locomotoras de vapor en el
Illinois Railway Museum, Union, Illinois,
un museo dedicado a los ferrocarriles

TRENES Y FERROCARRILES MODERNOS

Después, los trenes se hicieron más largos, más rápidos y mejores. Pero después de la II Guerra Mundial, en 1945, la gente prefería viajar en auto y en avión. Muchas compañías de ferrocarril terminaron su servicio de pasajeros. Una nueva compañía, Amtrak, se encargó de la mayor parte del servicio de pasajeros por todo el país.

Todavía hoy en día, la mayor parte de los trenes llevan más carga que pasajeros.

El California Zephyr *de Amtrak, en viaje de Chicago hacia el oeste*

Tren de carga del Chicago and Northwestern Railroad
(Ferrocarril Chicago y Northwestern)

Patio de carga del Burlington Northern Railroad *y
línea del horizonte de Chicago*

LOCOMOTORAS DE VAPOR

Las locomotoras de vapor tienen ruedas grandes y fuertes y chimeneas altas. Se usaron hasta fines de los años de 1800. Entonces se empezaron a usar las eléctricas.

Las locomotoras de vapor van seguidas por un **ténder.** El ténder lleva el combustible de la locomotora, que puede ser leña, petróleo o carbón. Cuando el combustible se quema, echa bocanadas de humo por la chimenea.

Hacia 1960, ya casi no quedaban locomotoras de vapor en Estados Unidos.

Locomotora de vapor del
St. Louis-San Francisco Railroad

LOCOMOTORAS DIESEL

Las locomotoras diesel empezaron a reemplazar las de vapor como por 1930. Hoy en día hay unas 27,000 locomotoras diesel en los Estados Unidos.

Las locomotoras diesel queman petróleo y son más rápidas, tienen más fuerza y cuestan menos que las de vapor. Pueden viajar grandes distancias sin tener que parar a llenar combustible o hacer reparaciones.

Un **ingeniero** que viaja en la cabina maneja las locomotoras diesel, lo mismo que las de vapor.

Locomotora diesel de Burlington Route *de los años de 1940*

TRENES DE PASAJEROS

Hay dos clases de trenes de pasajeros: los suburbanos que llevan pasajeros a distancias cortas y los trenes de Amtrak que viajan largas distancias.

Uno de los trenes de Amtrak es el *California Zhephyr,* ("Céfiro de California" en español), que viaja de Chicago a California. Casi nunca viaja a más de 80 kilómetros por hora. Pero los japoneses tienen un tren "bala" muy rápido. Los franceses tienen uno todavía más rápido que puede viajar a unas 190 millas por hora.

Vagones de dos pisos de un tren suburbano en la estación de Aurora, Illinois

TRENES DE CARGA

Un día promedio, 10,000 vagones de carga, o furgones, retumban por todos los Estados Unidos.

Los furgones llevan carbón, grano, madera, automóviles, camiones de remolque, fruta y muchas cosas más. Los **furgones de cola** que iban detrás de los trenes de carga ya casi no se ven hoy en día.

Los trenes de carga pueden ser de unas dos millas de largo y llevar hasta 8 locomotoras que arrastran más de 200 furgones.

Tren de carga de Burlington Northern *en un caballete cerca de Essex, Montana*

LA MARAVILLA DE LOS TRENES

A la gente le encanta ver y oír los trenes. El tren silba, retumba, hace temblar la tierra. Zumba hacia el cruce de trenes como si fuera un caballo de hierro al galope. La luz amarilla de la locomotora se hace más grande. Suena el silbato. Las campanas tocan. Las luces rojas guiñan a las barreras.

Los vagones pasan veloces—clickety-clack, clickety-clack. De repente, el tren ha pasado. El trueno rueda hacia adelante.

GLOSARIO

carga — los géneros o artículos que lleva el tren. También se llama "mercancía"

furgón de cola — un vagón que usan los trabajadores del tren y que va enganchado detrás del tren de carga

ingeniero — la persona que viaja dentro de la cabina de una locomotora y maneja el tren

locomotora — un vehículo que se impulsa solo sobre vías y arrastra los vagones o furgones

tren suburbano — un tren de pasajeros que va de una ciudad grande a los suburbios

vía — los dos rieles sobre los cuales viaja el tren y también su senda o camino

ÍNDICE ALFABÉTICO